Ulli Schubert

Zeltlagergeschichten

Illustrationen von Irmgard Paule

Bibliografische Information Der Deutschen Bibliothek
Die Deutsche Bibliothek verzeichnet diese Publikation in der
Deutschen Nationalbibliografie; detaillierte bibliografische Daten
sind im Internet über *http://dnb.ddb.de* abrufbar.

Der Umwelt zuliebe ist dieses Buch
auf chlorfrei gebleichtem Papier gedruckt.

ISBN 3-7855-5323-4 – 1. Auflage 2005
© 2005 Loewe Verlag GmbH, Bindlach
Umschlagillustration: Irmgard Paule
Reihenlogo: Angelika Stubner
Gesamtherstellung: Sachsendruck, Plauen
Printed in Germany

www.loewe-verlag.de

Inhalt

Affentheater 9
Ricos Papa 16
Der Regentanz 24
Indianer im Stadtpark 32
Zeltplatzmonster 41
Der Testwohner 50

Affentheater

„Das ist ein Super-Platz", ruft Timo begeistert. „Das Gelände ist trocken, es liegen keine Steine herum, und es gibt genügend Bäume. Ein Bach ist ganz in der Nähe, und der See ist auch nicht weit weg."

„Hä?" ist alles, was Kathrin hervorbringen kann.

Saskia, Max und Omar scheint es ähnlich zu gehen.

„Nochmal langsam und zum Mitschreiben", sagt Max. „Warum sollen wir ausgerechnet hier unser Lager aufschlagen?"

„Ganz einfach", klärt Timo seine Freunde auf. „Die Bäume schützen uns vor Wind und Regen, im Bach können wir uns frisches Trinkwasser besorgen, und im See können wir uns waschen!"

„Waschen? Bah!" Max verzieht das Gesicht.

„Welcher Wind?", fragt Kathrin. „Hier geht doch nicht mal ein laues Lüftchen."

„Genau", pflichtet Saskia ihrer Freundin bei. „Und regnen soll es die nächsten Tage nicht."

„Und ich trink bestimmt nicht aus dem Tümpel da vorne", sagt Omar entschieden.

Timo zuckt nur mit den Achseln.

Während die anderen das Zelt aufbauen, packt er in aller Ruhe seinen riesigen

Rucksack aus: Kleidung zum Wechseln, ein zweites Paar Schuhe, Waschzeug, eine Taschenlampe, eine Kerze, Streichhölzer, Messer, Gabel, Löffel, einen flachen Teller, einen tiefen Teller – Timo hat an alles gedacht.

„Was ist das denn?" Kathrin prustet los. In der Hand hält sie eine Rolle Klopapier.

„Ihr werdet schon sehen", meint Timo. „Die Sachen werden wir noch brauchen. Das steht alles in meinem Buch."

„Ich glaub's ja wohl nicht", ruft Saskia und lacht. „Du hast ein Buch, in dem steht, wie man richtig zeltet?"

„Na und? Ich will eben auf alles vorbereitet sein", sagt Timo. „Und deshalb sammeln wir jetzt auch unseren ganzen Proviant. Wir legen alles in diese Stofftasche hier und hängen sie in den Baum da vorn."

„Wozu das denn?", wundert sich Omar.

„Erstens ist es im Schatten kühler, und zweitens halten wir so ungebetene

Waldbewohner vom Zelt fern", sagt Timo. Er hält Max auffordernd die Tasche hin. Doch der schüttelt den Kopf.

„Die Waldbewohner haben wohl schon deine Gehirnwindungen angeknabbert", meint er und lacht. „Das ist doch alles Affentheater! Ich geh jetzt baden. Kommt jemand mit ins Wasser?"

„Ja!", rufen Kathrin, Saskia und Omar wie aus einem Mund. Die drei schleppen ihr Gepäck ins Zelt und ziehen sich blitzschnell um. Nur Max lässt seine Sachen draußen liegen.

Einen Augenblick später kann Timo die vier bereits im Wasser juchzen und kreischen hören. Natürlich möchte er auch baden. Aber er muss ja erst sein Essen in Sicherheit bringen! Er stopft seinen Proviant in die Tasche und bindet sie an ein Seil. Dann läuft er zu dem Baum. Er wirft das Seil über einen Ast, zieht den Beutel hoch und wickelt das Seil um den dicken Baumstamm. Noch zwei dicke Knoten – geschafft! Jetzt zieht auch Timo seine Badehose an und folgt den anderen hinunter zum See.

Über eine Stunde bleiben die fünf Freunde im Wasser, bis plötzlich alle großen Hunger haben. Gemeinsam laufen sie zu ihrem Zeltplatz.

Doch dort wartet eine böse Überraschung: Ameisen!

Max schreit auf. Tausende dieser kleinen schwarzen Krabbeltiere machen sich gerade über seine belegten Brötchen her.

„Oh nein!", stöhnt er auf. „Hätte ich bloß auf dich gehört, Timo! Echt, nächstes Mal besorge ich mir auch so ein Buch."

Plötzlich fängt Kathrin an zu kichern.

„Das würde ich nicht tun", sagt sie. „Seht nur!"

Zehn Augen starren zu dem Baum, an dem Timos Essen hängt. Noch. Denn auf einer Seite der Stofftasche klafft ein riesiges Loch, und eine komplette Eichhörnchenfamilie macht sich genüsslich über Timos Brote und Äpfel her.

„He, haut ab, ihr blöden Viecher!",
schimpft Timo.
Doch die Eichhörnchen lassen sich nicht so leicht vertreiben. Erst als Timo den Knoten löst und der Beutel auf den Boden plumpst, verschwinden sie schnell. Die Tasche ist leer.
„Offenbar haben die Eichhörnchen dein Buch auch gelesen!", meint Max und lacht.

Ricos Papa

Am Wochenende wollen Patrick, Sven und Rico mit ihren Vätern in der Wolfsschlucht zelten. Drei Tage und zwei Nächte ohne Mütter, Schwestern oder kleine Brüder – ein echtes Männerzeltlager. Alle steigen aufgeregt aus den Autos aus. Nur Rico bleibt sitzen.

„He, was ist los mit dir?", fragt Sven. „Willst du Wurzeln schlagen?"

Rico antwortet nicht. Was soll er auch sagen? Dass er am liebsten zu Hause geblieben wäre, weil er fürchtet, dass sein Papa sich blamieren könnte?

Sein Papa ist nämlich ein Schwächling. Und ein Angsthase. Davon ist Rico fest überzeugt.

Oder warum lässt er sonst manchmal die ganze Nacht das Licht brennen? Er sagt dann zwar immer, dass er beim Lesen eingeschlafen sei – aber das behaupten ja alle Angsthasen.

„Jetzt komm schon, Rico", sagt Patricks Vater. „Wir müssen uns um das Lager kümmern."

Rico seufzt. Es hilft alles nichts. Da muss er jetzt wohl durch. Langsam steigt er aus dem Auto.

„Zuerst bauen wir die Zelte auf", sagt Svens Vater.

„Einverstanden", sagt Ricos Papa. „Allerdings habe ich das noch nie gemacht. Wenn einer von Ihnen mir dabei eventuell ein wenig zur Hand gehen könnte?"

Rico zuckt zusammen. Sein Vater kann noch nicht einmal ein Zelt aufbauen! Und dann auch noch diese Ausdrucksweise. So redet doch kein Mensch!

„Klar, machen wir", meint Patricks Papa. „Die Jungs können in der Zwischenzeit schon mal Holz für das Lagerfeuer suchen."

„Super", denkt Rico. „Bloß weg hier."

„Wenn ich einen Vorschlag machen dürfte", meldet sein Vater sich zu Wort. „Ich wurde als Junge auch immer weggeschickt. Vielleicht weiß ich deswegen heute nicht, wie ein Zelt

aufgebaut wird. Wie wäre es, wenn wir alles gemeinsam machten. Die Zelte aufbauen und das Holz suchen."

Oh Mann, wie peinlich! Rico würde sich am liebsten verkriechen. Erstaunlicherweise finden die anderen die Idee aber gut. In Windeseile bauen sie gemeinsam alle vier Zelte auf. Und Ricos Papa stellt sich dabei gar nicht mal so dumm an.

Danach gehen sie in den Wald. Auf einer Lichtung richten sie die Sammelstelle ein und machen sich dann paarweise auf die Suche nach Brennholz, jeweils Vater und Sohn gemeinsam. Wer am meisten Holz sammelt, hat gewonnen.

Rico weiß jetzt schon, wer dabei verlieren wird. Patricks Papa geht zweimal die Woche ins Fitness-Studio, der Vater von Sven spielt Rugby. Die können ganze Bäume anschleppen, wenn sie wollen. Und sein Vater? Sammelt Briefmarken

und spielt einmal im Monat Schach mit Onkel Heinz. Und genau so sammelt er auch Holz ein – Stöckchen für Stöckchen. Rico könnte verzweifeln. Doch die anderen sehen das anscheinend nicht so.

„Oh, toll, ihr habt an das Anzündholz gedacht", freut sich Svens Vater.

Rico begreift einfach nicht, warum sein Papa sich überhaupt auf das Männerwochenende in der Wolfsschlucht eingelassen hat. Er war doch noch nie gern draußen. Außer im Garten, aber so richtig in der freien Natur – das ist nichts für ihn. „Zu viel frische Luft und zu viele Stechmücken", sagt er immer.

Die anderen Väter helfen Ricos Papa jedenfalls, wo sie können. Und Ricos Freunde auch. Geduldig zeigt Svens Vater ihm immer wieder, wie man einen Wurm am Haken befestigt und die Angel auswirft.

„So, ich glaube, jetzt können Sie es", meint er schließlich. „Das Wettangeln kann beginnen. Petri Heil."

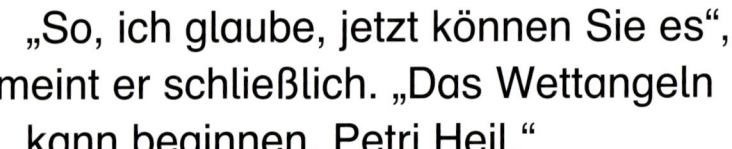

„Petri Dank", sagt Ricos Papa. Er holt aus – und schleudert den Haken samt Wurm ins Dickicht auf der anderen Uferseite.

Alle müssen lachen. Sogar Ricos Papa.
„Na, mein Sohn?", zwinkert er Rico zu und wischt eine Stechmücke beiseite, die es sich auf seiner Nase bequem gemacht hat. „Bist du zufrieden mit deinem Männerwochenende?"
In diesem Moment begreift Rico. Sein Papa macht das alles nur ihm zuliebe!
„Ja, Papa", sagt Rico leise. „Sehr sogar."
Und dann zieht er schnell seine Schuhe, Socken und die Hose aus und watet durch den See auf die andere Seite, um den Angelhaken seines Vaters aus dem Schilf zu befreien.

Der Regentanz

Seit zwei Tagen regnete es nun schon. Eine Stunde vor der Abfahrt zum Zeltlager waren plötzlich die dunklen Wolken gekommen. Genau in dem Augenblick, als der Bus auf die Autobahn gefahren war, hatte es dann angefangen zu schütten und seitdem nicht mehr aufgehört.

Tina schaute missmutig zum See hinunter. Sie wollte so gern schwimmen gehen! Mama hatte ihr extra für die Ferien einen neuen Bikini gekauft. Einen hellblauen mit dunkelblauen Streifen. Stattdessen hockte Tina in ihrem Zelt und zählte Regentropfen – 97, 98, 99. Wenn das kühle Nass weiterhin nur von oben kam, hatte sich die Sache mit dem Baden wohl endgültig erledigt.

„So ein Mist!", fluchte Tina vor sich hin. Nicht nur, dass es draußen überall nass war. Der Boden im Zelt war völlig aufgeweicht, und Tinas Klamotten waren alle feucht und muffig und überhaupt total eklig. Tina schüttelte sich.

„Hallo Tina, wie geht's?" Elisabeth, eine der Betreuerinnen, tauchte in ihrem Zelt auf.

Tina wollte gerade etwas sagen, da blieb ihr der Mund offen stehen. Was sollte das denn? Elisabeth war ja im Badeanzug!

Elisabeth grinste. „Hast du Lust, mir zu helfen?"

Helfen? Wobei denn? Tina verstand überhaupt nichts mehr.

„Ich habe die Nase voll von dem Regen", meinte Elisabeth. „Ich werde ihn vertreiben."

Tina sah die Betreuerin ungläubig an.

„Sehr witzig", spottete sie dann. „Das klappt doch nie im Leben!"

„Doch, natürlich", sagte Elisabeth. „Du musst nur dran glauben. Los, zieh deinen Bikini an."

Tina zögerte. Aber nur kurz. Einen Versuch war es wert, fand sie. Und schlimmer konnte es sowieso nicht mehr kommen. Tina schlüpfte in ihren neuen Bikini.

„Und jetzt?", fragte sie immer noch nicht ganz überzeugt.

„Jetzt gehen wir raus und tanzen", sagte die Betreuerin.

„Tanzen?!" Tina glaubte, nicht richtig gehört zu haben. „Es schüttet wie aus Eimern!"

„Genau", meinte Elisabeth. „Deswegen tun wir es ja. Hast du etwa Angst? Es ist doch nur Wasser, und es ist noch nicht einmal kalt."

Tina dachte nach. Es war tatsächlich recht warm draußen, und nass war es sowieso überall. Hauptsache, es passierte endlich etwas.

Plötzlich ertönte Musik. Tolle Musik!

„Bist du bereit?", fragte Elisabeth, und ohne eine Antwort abzuwarten, tänzelte sie aus dem Zelt hinaus.

Tina tanzte Elisabeth hinterher.

Zwar kam sie sich anfangs noch etwas komisch vor – doch spätestens als sie draußen auf dem Zeltvorplatz war, wunderte sie überhaupt nichts mehr.

Jede Betreuerin und jeder Betreuer war zu einem anderen Zelt gegangen und hatte die Kinder zum Regentanz herausgelockt. Jetzt tanzten also dreißig Kinder und fünf Erwachsene gut gelaunt durch den strömenden Regen.

„Hier ist das Urlaubsradio mit den Nachrichten", tönte es plötzlich aus dem Lautsprecher. „Zuerst wie immer ein kurzer Blick auf das Wetter: Das Tief über unserem Sendegebiet löst sich allmählich auf. Heute Nacht wird es trocken, und morgen scheint dann überall die Sonne ..."

Tina konnte es kaum glauben. Und die anderen auch nicht.

„Das waren wir!", riefen sie alle aufgeregt durcheinander. „Unser Regentanz hat gewirkt!"

Da hatte Tina eine Idee.

„Müssen wir bis morgen warten, oder dürfen wir vielleicht jetzt schon im See baden?", fragte sie. „Nass sind wir doch sowieso."

Die Betreuer grinsten.

„Na endlich", meinte Elisabeth aufatmend. „Wir haben schon befürchtet, dass ihr alle aus Zucker seid. Also los, worauf wartet ihr noch? Ab mit euch!"

Das ließen sich die Kinder natürlich nicht zweimal sagen. Jubelnd rannten sie hinunter zum See. Und Tina lief allen voran!

Indianer im Stadtpark

Pascal ist sauer! Gestern Abend gab es einen tollen Indianerfilm im Fernsehen, aber Papa hat nicht erlaubt, dass Pascal so lange aufbleibt. Und dann hat Papa den Film noch nicht einmal auf DVD aufgenommen. Obwohl er es versprochen hatte! Denn zur gleichen Zeit lief in einem anderen Programm ein Liebesfilm, den Mama unbedingt sehen wollte. Aber dann ist sie schon vorher auf dem Sofa eingeschlafen, und Papa hat den Film für Mama aufgenommen. Und sein Versprechen einfach vergessen. Typisch!

„Ein Indianer hält sein Versprechen immer!", schimpft Pascal vor sich hin. „Und vergessen tut er auch nichts! Nie im Leben tut er das!"

Pascal will abhauen. Gleich nach der Schule packt er alles zusammen, was ein echter Indianer auf der Flucht so braucht: sein buntes Wigwam, den Schlafsack, einen warmen Pullover für die Nacht, Pfeil und Bogen, eine Tüte Chips, eine Flasche Saft, zwei Tafeln Schokolade und drei belegte Brote. Und weil Weglaufen alleine keinen Spaß macht, ruft er schnell noch Igor, Mats, Hayati und Kevin an.

Eine halbe Stunde später treffen sich die fünf Freunde im Stadtpark. Jeder hat ein eigenes Zelt dabei. Die Jungs bauen sie im Halbkreis auf und hocken sich davor, damit sie geschützt sind: vor Wind, Naturkatastrophen und Angriffen bösartiger Bleichgesichter. Dann machen sie sich über ihre mitgebrachte Beute her. Zelte aufbauen macht nämlich hungrig.

„Wir sollten noch etwas übrig lassen", meint Mats. „Für heute Abend und für morgen Früh."

„Für morgen Früh?", fragt Kevin verwundert. „Wieso? Übernachten wir hier etwa?"

„Was hast du denn gedacht?", lacht Igor höhnisch. „Schließlich sind wir weggelaufen."

„Wir sind weggelaufen?!", ruft Kevin.

„Nicht wir", stellt Hayati richtig. „Pascal."

Kevin sieht Pascal erstaunt an.

„Du bist in echt abgehauen?", fragt er. „Warum?"

„Weil Papa nie hält, was er verspricht!", ruft Pascal wütend. „Und weil er mir nie zuhört. Und weil es ihm überhaupt total egal ist, was ich mache!"

„Das hab ich nicht gewusst!", sagt Kevin kleinlaut. „Ich hab am Telefon nur ‚Indianerzelt' gehört und gedacht, dass wir uns zum Spielen treffen. Ich hab extra noch die Schminktasche von meiner Schwester mitgehen lassen. Für die Kriegsbemalung und so. Ja und dann ..."

„Was dann?", fragt Pascal lauernd.

Kevin beißt sich auf die Lippen.

„Dann hab ich meinen Eltern einen Zettel hingelegt", gesteht er leise. „Auf dem steht, wo wir sind."

Die anderen stöhnen auf.

„Na super", sagt Pascal und wirft Kevin einen vernichtenden Blick zu. „Wenn meine Eltern merken, dass ich weg bin, rufen sie sofort bei dir zu Hause an. Dann erfährt mein Papa, wo ich bin. Und dann dauert es bestimmt nicht mehr lange, bis er hier auftaucht."

„Stimmt", sagt plötzlich eine Stimme. Die Jungs fahren herum. Pascals Papa ist zwischen zwei Zelten aufgetaucht.

„Pa-p-p-a", stammelt Pascal.

Sein Papa sieht sich interessiert um.

„Gemütlich habt ihr es hier", meint er. „Darf ich mich zu euch setzen?"

„Ja", sagt Pascal leise.

Sein Papa hockt sich in die Runde und nimmt sich einfach einen Riegel Schokolade.

Pascal wundert sich. Wieso schimpft Papa denn gar nicht?

„Du, Papa, dürfen wir heute Nacht hier schlafen?", traut er sich deshalb zu fragen.

„Oh ja, bitte!", rufen die anderen Jungs sofort.

Pascals Papa lacht, doch er schüttelt den Kopf.

„Nein", sagt er und sieht Pascal an. „Es tut mir Leid, dass ich gestern mein Versprechen vergessen hab. Und es ist mir ganz bestimmt nicht egal, was du machst. Aber im Park ist es nachts einfach zu gefährlich, selbst für mutige Krieger wie euch."

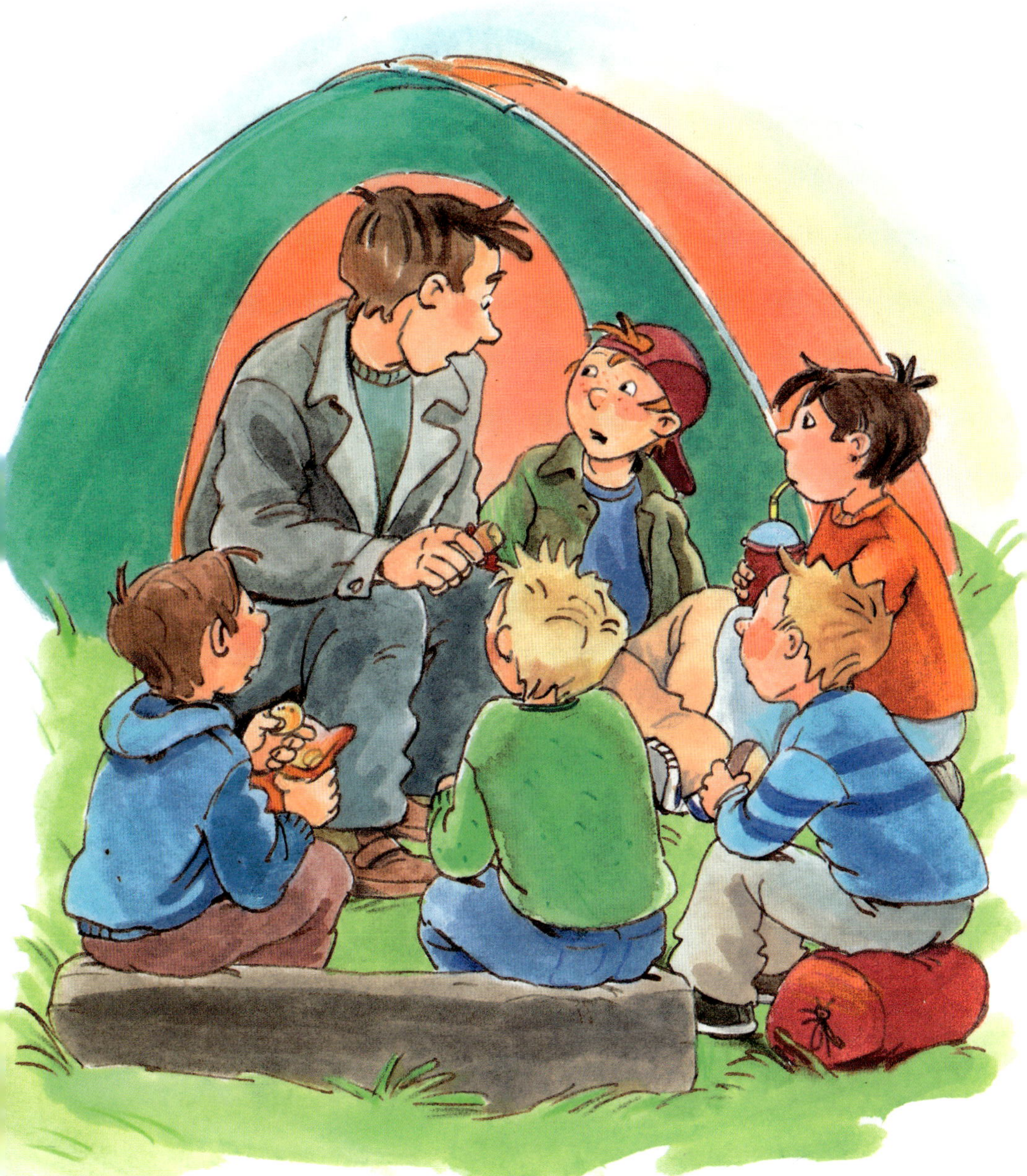

Die fünf Jungs sind enttäuscht. Doch dann hat Pascal eine Idee.

„Wenn du auch hier bleibst und auf uns aufpasst, kann uns bestimmt nichts passieren, Papa", sagt er. „Du kannst mit in meinem Zelt schlafen."

Pascals Papa öffnet den Mund. Es ist ihm anzusehen, dass er von dem Vorschlag nicht sehr begeistert ist. Aber dann nickt er.

„Okay, also gut", sagt er. „Aber nur, wenn ich der Häuptling sein darf. Und vielleicht erzähle ich euch später am Lagerfeuer auch noch eine spannende Indianergeschichte ...!"

Zeltplatzmonster

Es war die erste Nacht im Zeltlager. Unruhig wälzte sich Janina von einer Seite auf die andere. Sie war es nicht gewohnt, auf einer Luftmatratze zu liegen.
Außerdem war ihr Schlafsack viel zu dick. Draußen war es warm, und im Zelt war es heiß.

Janina stöhnte. Hätte sie sich nur nicht von ihrer Freundin Kim überreden lassen, mit ins Zeltlager zu fahren. Dann würde sie jetzt in Italien am Strand liegen. Mit ihren Eltern. Und jeder Menge Spagetti. Und Eiskrem. Und vor allem einem bequemen Bett.

„He, Kim, schläfst du schon?", fragte sie leise.

„Wie denn?", knurrte Kim. „Bei dem Lärm, den du veranstaltest!"

„Ich kann nicht einschlafen", erklärte Janina. „Es ist viel zu heiß hier drinnen. Kann ich das Zelt kurz aufmachen?"

„Von mir aus", sagte Kim.

Janina öffnete den Reißverschluss, klappte den Zelteingang zur Seite – und stieß einen Schrei aus.

Kim fuhr hoch.

„Was ist denn los?", fragte sie erschrocken.

Janinas Augen waren vor Schreck weit aufgerissen. Sie zeigte auf ein gegenüberliegendes fremdes Zelt.

„Mo-Mo-Monster", stotterte sie.

„Was?!" Kim befreite sich aus ihrem Schlafsack und krabbelte zu ihrer Freundin.

Das Zelt gegenüber war innen hell erleuchtet. Aber sonst war nichts Ungewöhnliches zu sehen.

„Ist was passiert?", fragte plötzlich jemand gähnend vom Zelt nebenan. Es war Max, einer der Betreuer.

„Nein, nein!", rief Kim hinüber. „Es ist alles in Ordnung. Janina hat nur schlecht geträumt."

„Ach so", murmelte Max. „Na dann, schlaft schön."

Janina warf Kim einen bösen Blick zu.

„Spinnst du?", zischte sie. „Ich habe nicht geträumt! Ich weiß doch noch, was ich sehe!"

„Janina", sagte Kim besänftigend. „Es gibt keine Monster. Vielleicht hast du ja doch nur getr..."

„Da!", flüsterte Janina. „Da ist es wieder!"

Jetzt sah Kim es auch. Sie gab sich einen Ruck. „Los, komm, das sehen wir uns mal aus der Nähe an."

Kim zog ihre Jogginghose und Turnschuhe an und kroch aus dem Zelt. Janina blieb nichts anderes übrig, als ihrer

Freundin zu folgen. Vorsichtig schlichen die beiden Mädchen hinüber zu dem fremden Zelt und legten sich hinter einem großen Baum auf die Lauer.

Aus dem Zelt ertönte leise Musik, und das Monster fing an, sich im Takt zu bewegen.

„Sieh nur, es tanzt!", flüsterte Janina.

Tatsächlich! Ganz deutlich war der Schatten des Monsters an der Zeltwand zu erkennen. Es schien ständig seine Form zu verändern und wuchs oder schrumpfte in Sekundenschnelle.

„Was sollen wir tun?", fragte Kim.

„Wir schleichen zurück und schauen uns das Zelt morgen Früh mal etwas genauer an", schlug Janina vor. „Im Moment scheint das Monster nicht sehr gefährlich zu sein."

Sie stand auf, schlich auf Zehenspitzen davon – und trat gegen eine leere Getränkedose!

„Wer ist da?", fragte eine fremde Stimme.

Janina und Kim erschraken, sie kreischten auf und klammerten sich aneinander fest.

„Hilfe, das Monster!", schrie Kim.

„Ein Monster? Wo?", rief die fremde Stimme.

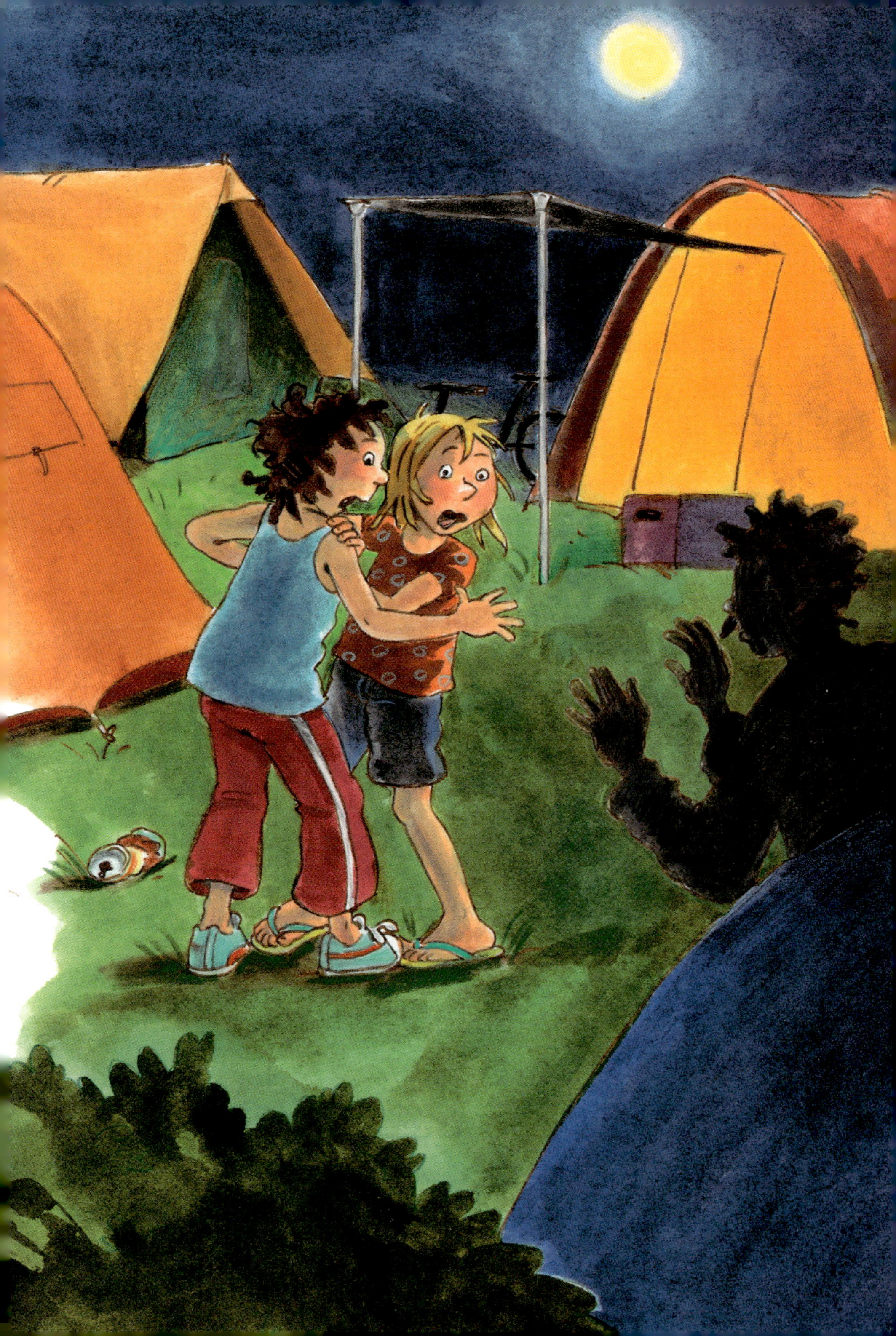

Janina und Kim sahen sich verwundert an.

„Na, du bist das Monster", antwortete Janina zaghaft.

„Ich?", fragte die Stimme und lachte. Doch es war keine Monsterlache, sondern klang sehr menschlich. „Meint ihr etwa das hier?"

Im selben Augenblick erschien wieder der Schatten am Zeltdach. Janina und Kim zuckten kurz zusammen, doch dann siegte ihre Neugier. Vorsichtig warfen sie einen Blick in das fremde Zelt – und fingen plötzlich an zu lachen.

Auf dem Boden saß eine junge Frau. Sie hatte eine Taschenlampe zwischen ihre Beine geklemmt und machte mit ihren Händen Schattenspiele an der Zeltwand.

„Das ist ein Wolf", sagte der Junge, der neben ihr auf dem Boden saß. Er war etwa so alt wie Kim und Janina.

„Richtig", jubelte die Frau.

„Mama kann aber auch Häschen", sagte

der Junge kichernd zu Janina und Kim. „Wenn ihr wollt, zeigt sie euch bestimmt, wie es geht."

Das ließen sich die beiden Mädchen nicht zweimal sagen. Schnell krabbelten sie in das Zelt hinein.

„Wir möchten aber lieber das Monster lernen", sagte Janina lachend. „Oder sollen wir morgen Abend die anderen auf dem Zeltplatz etwa mit einem Häschen erschrecken?!"

Der Testwohner

Am Montagmorgen betrat Frau Kohl die Klasse, krank und schlecht gelaunt.

„Guten Morgen", krächzte sie mit heiserer Stimme. „Wie ihr hört, kann ich kaum sprechen. Deshalb schreiben wir heute einen Aufsatz. Das schont meine Stimmbänder, und euch wird es auch nicht schaden."

„Oh nein", tönte es aus der zweiten Reihe. „Wir haben doch erst letzte Woche einen Aufsatz geschrieben", versuchte Sebastian, die Klassenlehrerin umzustimmen.

Doch Frau Kohl blieb hart und schrieb das Thema an die Tafel:

„Mein Wochenende!"

Die meisten Schüler waren jetzt ebenfalls verschnupft.

Grummelnd packten sie ihre Hefte und Stifte aus.

Nur Annika freute sich. Im Gegensatz zu allen anderen aus ihrer Klasse schrieb sie gern Aufsätze. Und über das vergangene Wochenende hatte sie eine Menge zu erzählen ...

Angefangen hat alles damit, dass mein Papa mal wieder einen neuen Job angenommen hatte: als Testwohner! Allerdings testete er keine Villen und auch keine alten Königsschlösser – nein, mein Papa testete Zelte!

Letztes Wochenende musste er wieder arbeiten. Leider nicht auf einem Campingplatz an einem schönen Badesee, sondern mitten in der Stadt. Auf dem Parkplatz eines riesigen Einkaufszentrums.

Am Samstag kauften dort sehr viele Leute ein. Mein Papa sollte ihnen zeigen, wie toll es ist, in einem Zelt zu wohnen. Mama und ich mussten natürlich mit, denn Papa arbeitete in einem Familienzelt.

Gegenüber von uns lag ein sehr langer, junger Mann in einem sehr kleinen Zelt. Seine Beine schauten fast bis zum Po heraus! Links von uns wohnte ein älteres Ehepaar, das vor ihrem Zelt an einem Campingtisch saß. Der Mann trank Kaffee und las Zeitung, während seine Frau Kreuzworträtsel löste. Rechts neben uns wohnte eine Familie mit zwei Kindern, einem Jungen und einem Mädchen. Ich wollte gerade hinübergehen, um herauszufinden, ob das Mädchen nett war, als meine Eltern anfingen zu streiten.

„Du spinnst ja wohl!", schrie Mama. „Ich lege mich hier doch nicht vor allen Leuten im Bikini in den Liegestuhl!"

„Warum denn nicht?", fragte Papa ruhig. „Im Urlaub machst du es doch auch."

„Das ist doch was ganz anderes", keifte Mama. „Hier scheint ja noch nicht einmal die Sonne!"

„He, hallo, nicht so laut", raunte der ältere Herr von nebenan.

„Mischen Sie sich ja nicht ein! Sie wollen die Frau doch nur im Bikini sehen, Sie Lüstling!", schimpfte die Frau von der anderen Seite. Sie war ungefähr so alt wie Mama und gab ihr Recht. „Gut so, lassen Sie sich bloß nichts gefallen!"

„Ach, aber du darfst ungefragt zu allem deinen Senf dazugeben, oder was?", fragte ihr Mann in scharfem Ton.

„Kann man hier nicht einmal in Ruhe schlafen?", knurrte der junge Mann von gegenüber.

„Schlafen können Sie zu Hause, Sie Faulenzer!", brüllte der ältere Mann. „Hier wird gearbeitet!"

„Ach ja?", rief der junge Mann aufgebracht zurück und versuchte, aus seinem Zelt zu krabbeln. Doch dabei riss er ein paar Heringe aus dem Boden, mit denen das kleine Zelt befestigt war. Sofort fiel es in sich zusammen.

„So ein Mist!", fluchte der junge Mann lauthals. Voller Wucht versetzte er seinem Zelt – oder was davon übrig geblieben war – einen wütenden Tritt. Dabei machte sich einer seiner Badelatschen selbstständig, segelte in hohem Bogen durch die Luft und fiel dem älteren Herrn mit voller Wucht auf den Kopf.

„Auaaa, was fällt Ihnen ein!", polterte der sofort los. „Können Sie nicht aufpassen?"

Die Kunden des Einkaufszentrums amüsierten sich köstlich. Sie blieben stehen und bildeten einen Kreis, der immer größer wurde.

Mir war das alles furchtbar peinlich, weil Mama und Papa mit dem Streiten ja angefangen hatten. Am liebsten wäre ich an Ort und Stelle im Erdboden versunken.

„Und uns erzählen sie immer, dass wir uns nicht streiten sollen", sagte plötzlich jemand neben mir. Es war das Mädchen von nebenan. Sie grinste mich an und streckte mir die Hand entgegen. „Hi, ich bin Jessi."

„Ich bin Annika", stellte ich mich vor. „Ist das hier immer so?"

Jessi nickte. „Irgendeiner fängt immer an. Die Zeltwände sind dünn, da geht man sich schnell auf die Nerven." Jessi rollte mit den Augen. „Aber hier ist sowieso nichts normal."

„Wie meinst du das?", wollte ich wissen.

Jessi grinste. Sie nahm mich an die Hand und führte mich herum. Jessi zeigte mir alles, was zu dem Campingplatz gehörte. Den falschen Spielplatz mit der Schaukel aus Pappe, den Sandkasten ohne Sand und den Swimmingpool ohne Wasser.

Als wir von unserer Besichtigungstour zurückkamen, stritten sich die Erwachsenen immer noch. Es war wirklich mein allerschrecklichstes Wochenende!

Annika legte den Stift beiseite und las ihren Aufsatz zur Kontrolle noch einmal durch. Zufrieden klappte sie das Heft zu. Dafür würde sie bestimmt eine Zwei bekommen. Mindestens! Und die hatte sie sich nach so einem Wochenende auch redlich verdient!

Ulli Schubert wurde 1958 in Hamburg geboren und lebt immer noch sehr gern dort. Er liebt Fußball, den FC St. Pauli, Billard und Darts. Ulli Schubert arbeitete als Erzieher und als Sportreporter und schreibt seit 1991 Bücher für Kinder und Jugendliche. Im Loewe Verlag erscheinen auch seine Kinderromane über die Abenteuer von *Torjäger Timo* und den *Tiger Girls & Roten Rächern*.

Mehr über Ulli Schubert erfährst du unter:
www.ulli-schubert.de

Irmgard Paule studierte an der Fachhochschule für Gestaltung in München. Danach arbeitete sie als freischaffende Grafikerin in der Werbung. Seit 1997 illustriert sie Kinderbücher für verschiedene Verlage.

Leselöwen

Jede Geschichte ein neues Abenteuer

Zaubergeschichten – Ulrich Maske
Schulfreundegeschichten – Ulli Schubert
Entdeckergeschichten – Martin Baresch
Klassenfahrtgeschichten – Ulli Schubert
Internetgeschichten – Margot Scheffold
Ballettgeschichten – Elisabeth Zöller
Jungengeschichten – Jörg Sommer
E-Mail-Geschichten – Vanessa Walder
Mädchengeschichten – Gerit Kopietz

Loewe

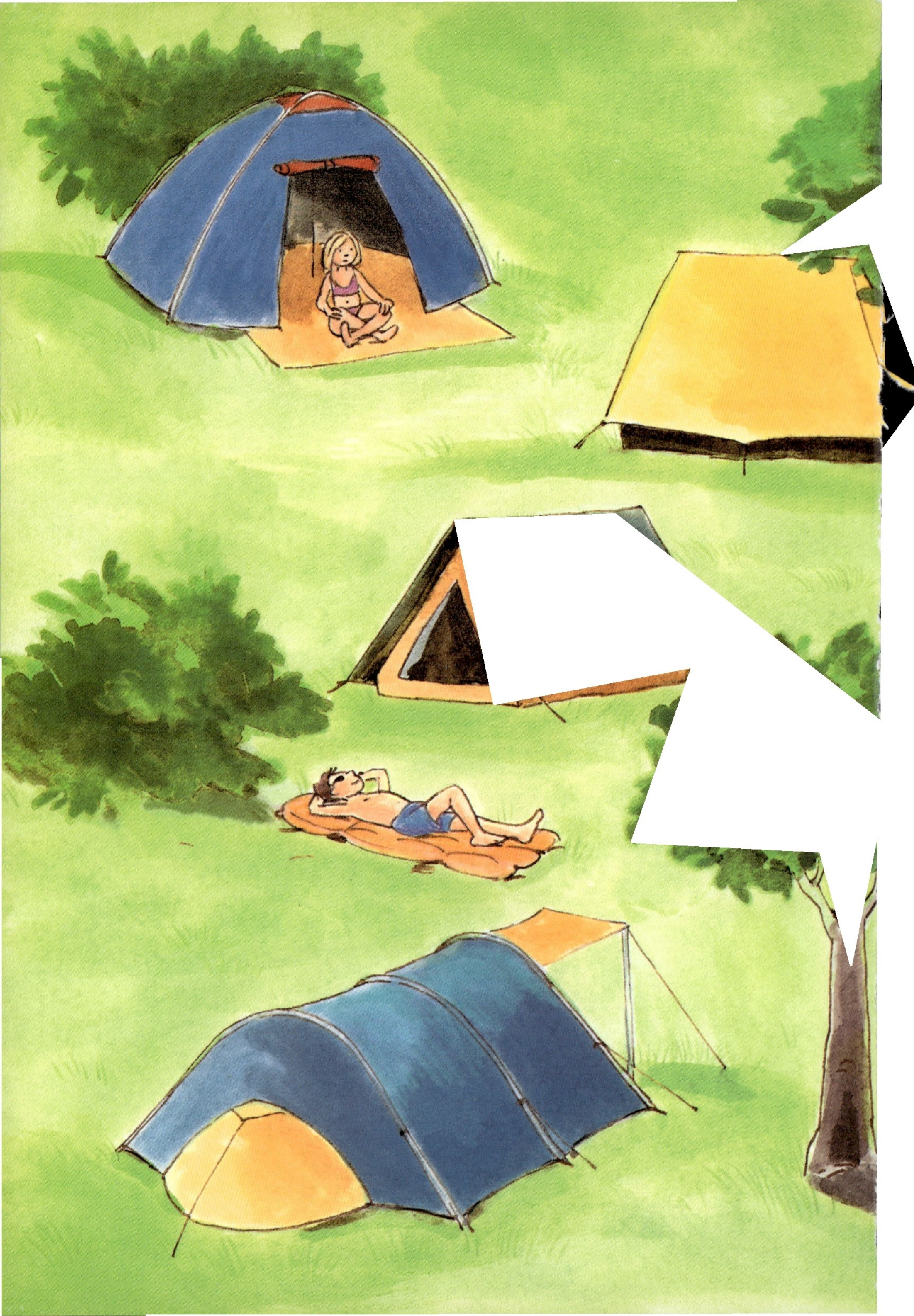